PANÉGYRIQUE
DE SAINT MARTIN

PRONONCÉ

DANS LA CHAPELLE PROVISOIRE

À LA FÊTE DU 4 JUILLET 1877

PAR

L'abbé A. MARS

Aumônier des Ursulines.

———

TOURS

LIBRAIRIE STANISLAS POISSON

Rue du Commerce, 30.

PANÉGYRIQUE
DE SAINT MARTIN

PRONONCÉ

DANS LA CHAPELLE PROVISOIRE

A LA FÊTE DU 4 JUILLET 1877

PAR

L'abbé A. MARS

Aumônier des Ursulines.

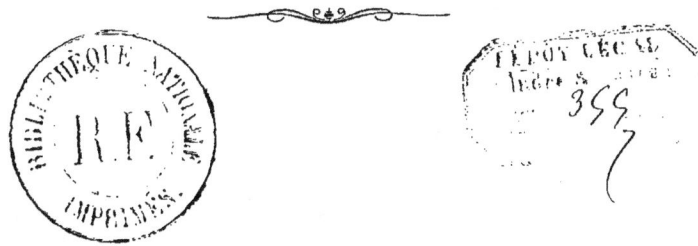

TOURS

LIBRAIRIE Stanislas POISSON

Rue du Commerce, 30.

Ordinavit in me Caritatem.
En moi il a ordonné la Charité.
(Cant. des Cantiques.)

Le prêtre par excellence et à jamais Roi des pasteurs, Jésus, vient du ciel. *A summo cœlo egressio ejus ;* il vient, il jaillit du cœur même de Dieu. Je ne dis pas assez, mes frères : Le prêtre, le Pontife suprême, Jésus, c'est tout le cœur, le cœur même de notre Dieu, vivant, palpitant, parlant, agissant au milieu des enfants des hommes.

Mais qu'est-ce donc que le cœur de notre Dieu? Cendre et poussière que je suis ! S'il m'était permis de raconter, en un pauvre et pâle langage humain, ce qui fait le ciel lui-même et ses joies sans fin, je dirais : Le cœur de notre Dieu c'est la vie, la vie rassemblée et totale, la vie une, commune, sans fin, sans morcellement, sans dispersion. Ah ! mon âme, comme un vague souvenir de sa céleste origine, conçoit cette vie sans bornes, sans limites, sans imperfections; elle conçoit l'amour éternel, la vertu sans nuages, le bonheur sans vicissitudes, la vérité sans ombres, la volonté plus forte que tous les obstacles, la force se jouant de l'espace et du temps, des créations subites réalisées par une parole, un geste, un souhait; mon âme conçoit tout cela, et tout cela l'enivre, l'enchante, l'attire ; elle y trouve force, espérance, amour, sa vie ; et, je crois à mon âme, *crede animæ tuæ.* C'est la vie, la vie en Dieu et ce cœur d'un Dieu vie de tout ce qui a vie, cœur essentiellement créateur, de qui découle toute paternité au ciel et sur terre, c'est Dieu le père.

Un jour, sortant de son éternel repos, ce cœur-vie épanche hors de lui-même quelque chose de son inépuisable fécondité et les merveilles de l'univers s'élancent du néant pour chanter dans l'adoration : Nous voici, *adsumus !* car il a dit et tout a été fait, *dixit et facta sunt.* Au milieu de tous ces mondes incommensurables et qui semblent un palais bâti pour un géant, ce géant je le cherche et je le trouve à son heure, c'est l'homme ; l'homme petit atome perdu dans les espaces qui l'entourent et semblent l'écraser de leur immensité ; qui me dira sa grandeur, car je ne vois en lui rien autre chose que faiblesse, petitesse, nudité ?

Le cœur de notre Dieu, mes frères, n'est pas vie seulement, il est parole, intelligence, volonté, liberté encore, c'est le Verbe et lui aussi répand de sa plénitude sur le chef-d'œuvre né de sa parole ; il l'orne, le pare de liberté, de parole, d'intelligence, et l'homme unira sa voix si faible aux harmonies qui chantent autour de lui, mais lui, lui seul les vivifie, les rend hymne intelligent de voix mortes qu'elles étaient ; lui, lui seul leur donnera direction, ensemble, vie, conclusion par ce sublime *Amen* : Notre Père qui êtes dans les cieux, *Pater noster qui es in cœlis !*

Le cœur de notre Dieu enfin, il est charité, amour, ou plutôt tout entier il est amour : s'il crée, l'amour le guide, s'il parle, l'amour l'inspire, et l'Esprit-Saint, l'amour éternel du père et du fils, lui aussi se communiquait à l'homme pour lui donner un cœur qui sent, embrasse, un cœur qui aime, appelle, recherche sans cesse et comme d'instinct le beau, le bon, le parfait, l'infini pour lequel il est fait ; un cœur qui seul au monde peut redire en toute vérité et sans blasphème au grand Dieu qui l'a façonné de ses mains divines : Mon père ! *Abba, Pater !*

Ainsi, mes frères, et dès la première page de nos livres

saints, je le trouve tout entier le cœur de notre Dieu dans cette trinité adorable de Puissance qui crée, de Parole qui illumine, d'Amour qui sanctifie; c'est le *Faciamus hominem*. Faisons l'homme! Voilà un pâle reflet des merveilles de la création dans l'ordre naturel et pourtant j'ai à présenter à vos regards éblouis une création plus excellente, plus sublime encore.

Au moment où retentissait dans les profondeurs des cieux ce mot plus grand que le monde qu'il sauve; plus grand, plus insondable que nos malheurs et nos maux dont il nous délivre. *Ecce venio !* Voici que je viens! Mot que l'Église ma mère ne se lassera plus de traduire à ses enfants; chant d'amour, d'éternelle reconnaissance qu'elle voudra que nous ne prononcions plus qu'à deux genoux et le front incliné dans la poussière: *Verbum caro factum est !* Le Verbe s'est fait chair. *Homo factus est !* Le Verbe s'est fait homme! A ce moment-là, ô vocation d'un Dieu s'enchaînant pour obéir à son amour! Dans les splendeurs mêmes de l'éternité, siégeait à la droite du Dieu trois fois saint, non plus seulement le Verbe, la parole incréée qui illumine tout homme venant en ce monde, mais encore la puissance créatrice du Père, mais aussi l'amour éternel de l'Esprit-Saint, se réunissant pour prononcer et exécuter un étonnant et à jamais adorable *Faciamus hominem !* Faisons l'homme! L'homme par excellence, l'homme saint, séparé des pécheurs, plus haut que les cieux, l'homme prêtre, pontife! Et Dieu s'incline devant ce travail, cette invention, ce chef-d'œuvre non plus seulement de ses mains divines, mais de tout son cœur. Il ne se contente pas d'approuver, de reconnaître que tout est bien et bon, mais écoutez plutôt quels transports, quelle poésie, comme il parle, le cœur de notre Dieu, en face de cette merveille de son amour qui concentre en son sein la Trinité tout entière. « Mon cœur s'était épanoui pour produire mon Verbe, mais

« voici que c'est lui qui parlera selon mon cœur, comme
« parle la plume sous la main légère de l'écrivain. Vous
« êtes le plus beau des enfants des hommes ; les grâces sont
« répandues sur vos lèvres ! Vous avez aimé la justice, haï
« le péché, c'est pourquoi, ô Dieu, votre dieu vous a oint,
« vous a sacré ! Oui, le Seigneur l'a juré, il ne s'en repen-
« tira jamais : Vous êtes prêtre, prêtre pour l éternité ! *Tu*
« *es sacerdos in æternum !* »

C'est le berceau même du sacerdoce que je place sous vos yeux, mes frères. Vous le voyez, le sacerdoce est né d'une parole du Verbe, acceptée par le Père qui crée ; né d'un sacrifice commencé dans le ciel, qui se perpétue, s'achève dans le monde par le Fils qui se donne ; né de l'amour de l'Esprit-Saint qui le vivifie. Il est du ciel, il est au ciel, jusqu'au jour béni où les Anges et les hommes s'uniront dans ce grand cri de joie pour redire près d'une pauvre étable : *Christus natus est nobis !* Le Christ, le Oint, le Sacré, le Prêtre nous est né ! Jusqu'à l'heure solennelle où il sera donné à notre terre de le contempler, de l'entendre ; où ce prêtre descendra bien bas, s'élançant comme un géant pour courir sa voie, la voie de sa vocation sainte, la voie sacerdotale, et redire au monde ravi : « Je ne suis venu que pour chercher et sauver ce qui périssait, » car il est le Prêtre et en même temps et pour jamais la voie que doit suivre tout prêtre ; et si vous me demandiez le comment, le pourquoi, la sagesse vous répond : Il est le Dieu qui aime les âmes, *qui amas animas.* Il est le prêtre, le prêtre éternel, vivant dans ses prêtres. *Non vos me elegistis, sed ego elegi vos.* Prêtre vivant, agissant jusqu'à la consommation des siècles, jusqu'à cette heure dernière du monde où le dernier prêtre, sa mission finie et tombant avec elle, reportera au ciel dans le sein même de Dieu ce qui ne vient que du ciel et fut prêté à la terre : la couronne, l'onction, la puissance qui créent le prêtre, et redira pendant les siècles sans fin au Roi des pasteurs, à son Dieu : Vous seul, vous êtes prêtre pour l'éternité ! *Tu es sacerdos in æternum !*

Tel est, mes frères, le principe, la raison d'être et la fin du sacerdoce; l'amour, l'amour des âmes, et le sacerdoce reste et demeure à jamais, portant au front le triple cachet et dans ses mains débiles la triple puissance de l'auguste Trinité tout entière. Comme Dieu le père et par lui, il crée; comme Dieu le fils et par lui, il sauve; comme Dieu l'Esprit-Saint et par lui, il sanctifie. *Euntes, docete, in nomine Patris et Filii et Spiritus Sancti.*

En face de cette triple puissance qui n'est autre chose que celle de Dieu même, ah! je comprends que l'homme effrayé lui ait donné des noms à sa taille : Apostolat, Civilisation, Paternité; noms qu'il comprend, parce que toujours ils parlent à son cœur. A Jésus seul il était réservé de nous redire le nom divin qui renferme tout, qui exprime tout : Charité! Oui, tout converge, rayonne, s'unit et vit dans ce grand centre, ce foyer qui est le cœur, le cœur même de notre Dieu : *Deus caritas !* La charité, la charité encore, la charité toujours sera et demeurera à jamais la passion triple et une qui doit faire battre tout cœur sacerdotal, parce que le sacerdoce c'est Dieu et que Dieu est charité, nous dira l'apôtre qui a surpris les secrets mêmes du cœur de Jésus.

Rappelez-vous, mes frères, cette magnifique scène de notre Évangile, là où Jésus, avant de retourner à son père, veut se donner sur la terre un successeur, un vicaire digne de lui, chef et modèle des pasteurs. Il ne demande à Pierre ni naissance, ni illustration, ni richesse, ni puissance, mais il demande, il exige la charité, l'amour. Pierre, m'aimes-tu? Une seconde, une troisième fois: Pierre m'aimes-tu? C'est seulement quand Pierre se sera lié par un triple serment d'amour qui va jusqu'à lui arracher des larmes, ce sang du cœur, alors, alors seulement Jésus ajoutera : Pais mes brebis, pais mes agneaux; toi aussi tu es prêtre. Je suis avec toi jusqu'à la consommation des siècles.

Et aujourd'hui, sous vos yeux, après tantôt dix-neuf siècles, un pauvre enfant, venu je ne sais d'où, conduit par la main de la Providence, ou plutôt par l'appel de l'Esprit-Saint qui souffle où il veut, s'arrache un jour à la famille, au monde, au pays, et vient se cacher dans la face du Seigneur. Pendant ces longues années de prières, de silence, de solitude, d'obéissance, de privation et d'attente qu'on appelle séminaire, que cherche-t-il? que veut-il? Ah! si cet étudiant de Dieu pouvait vous traduire la passion de son cœur, avec quels accents il répondrait ce qu'il dit mieux encore par tant d'amour, tant d'espérance et de terreur tout à la fois, ce qu'il crie par tant de larmes. Je voudrais des choses immenses et je ne suis rien, je ne puis rien! Oh! du moins, je voudrais attirer sur moi un regard, un seul regard; ce regard de Jésus sur le jeune homme de l'Evangile, ce regard qui du premier coup produisit l'amour. *Jesus intuitus eum, dilexit eum...* Ce regard.... O moment qu'on n'oublie plus quand bien même on vivrait des siècles! O serment, doux serment des fiançailles spirituelles! Tandis que les pauvres affections de la terre s'usent si vite, passent et s'évanouissent pour ne plus revenir, vous, ô serment, vous demeurez à jamais les deux termes bien-aimés de toute vie sacerdotale! Un jour un regard de Jésus sur son enfant, un regard de l'enfant du sanctuaire sur son Jésus se traduisaient par deux mots ineffables : *Veni, sequere me! Ecce venio!* Viens, suis-moi! Voici, Seigneur, je viens! Viens, suis-moi! C'était le salut de bienvenue. Voici, Seigneur, je viens! C'est le chant du retour après la moisson achevée, c'est le dernier battement d'un cœur qui meurt à toutes les choses de la terre pour s'envoler au ciel. Viens, suis-moi! c'était l'honneur au-dessus de tous les honneurs. Voici, Seigneur, je viens! C'est à l'heure suprême le bonheur au-dessus de tous les bonheurs. Et l'enfant devenait homme, l'homme par excellence, séparé des pécheurs, haut comme le ciel, car il n'est plus de la terre. *Accedens homo ad cor altum.* Il est simple et doux comme la colombe, prudent comme le serpent, ardent, invincible comme le lion; déjà, comme le parfum qu'exhale un champ fertile, chargé de moisson, il réjouit le cœur de son Dieu. *Odor filii mei sicut odor agri pleni!* Ce jour-là, lui aussi était un autre Christ. *Sacerdos alter Christus!* Du pied des autels il se relevait prêtre pour l'éternité. *Tu es sacerdos in æternum!*

Un regard, un seul regard de Jésus a suffi, mes frères, pour opérer tant et de si nombreux prodiges et jeter dans une fournaise d'amour un pauvre et petit cœur humain. *Ignem veni mittere in terram et quid volo nisi ut accendatur.*

Mais pour Martin, vous le savez, il y eut plus qu'un regard du Sauveur. Pour lui nous trouvons tout ce que le cœur le plus grand, le plus généreux peut donner: reconnaissance, bénédiction, louange, admiration, amour. Ah! si ces sentiments délicieux enfantent des merveilles quand ils passent dans le cœur d'un homme, qui dira ce qu'ils vont opérer quand ils se pressent dans le cœur d'un Dieu!

Ce jeune soldat qui arrête son coursier à la vue d'un mendiant demi-nu et grelottant sous la bise glacée de l'hiver, ne possède rien que son épée et son manteau, mais il a un cœur généreux et déjà chrétien. Sans hésiter, il coupe la moitié de son manteau et la jette à la nudité de son frère. Ce jour-là Martin fixait plus qu'un regard de son Dieu; voyez, il faut que les anges viennent eux-mêmes partager l'admiration du Seigneur, soient les témoins de ce cri de sa reconnaissance: *Martin encore catéchumène m'a revêtu de la moitié de son manteau!* »

Et le Dieu qui ne se laisse point vaincre en générosité,

mais qui toujours rend au centuple, donne à Martin plus qu'un regard, plus qu'un éloge que le monde entier lui envie; il lui donne ce qu'il est lui-même; il le fait tout cœur, tout charité, tout amour. Déjà il redit comme plus tard l'Eglise en face du nom de Martin : Oui, je me susciterai un prêtre fidèle, reflet de mon amour, parce qu'il agira selon mon cœur et mes désirs, ce prêtre, ce sera Martin. *Suscitabo mihi sacerdotem fidelem qui juxta cor meum et animam meam faciet.*

A partir de ce moment, que pouvait faire plus longtemps Martin au milieu du monde? Il a vu Dieu et on ne voit point Dieu sans mourir. Il a vu Dieu, ne lui parlez plus ni des ombres de la beauté qui nous séduisent, ni des promesses et des espérances de la terre qui nous enchantent, il a vu Dieu, il est mort à tout cela. Ce qu'il veut, c'est l'infinie bonté qu'il cherche, qu'il appelle; c'est l'infinie beauté qu'il veut contempler. Fuyez donc vains bruits de la terre, fuyez pauvres affections qui ne pourraient que me perdre dans de vulgaires écueils et qui tous les jours expirent tristement en vous disant immortelles! Martin a vu Dieu, Dieu seul voilà son respir, son centre, sa vie; tout le reste pour lui c'est la mort. *Mihi mundus cruxifixus est et ego mundo.*

A de telles âmes, mes frères, ce n'est point assez de détourner les regards pour ne plus rien voir, de fermer l'oreille pour ne plus entendre ; leur amour est devenu quelque chose de si ombrageux, de si délicat, de si susceptible, de si jaloux, que vous les entendrez s'écrier : « Ma vie, ma vie, elle est cachée, ensevelie en Dieu ! » Elles ne peuvent plus vivre de la vie ordinaire ; on dirait qu'elles n'ont plus assez des bonheurs et des douleurs du commun ; il leur faut la solitude, le recueillement, le silence pour contempler, savourer tout à l'aise leur Dieu ; il leur faut sortir d'elles-mêmes, se quitter de tous les élans de leur cœur ; il faut qu'elles fassent de toutes ses puissances comme autant de degrés pour monter, s'élever, se jeter et se perdre dans le sein de Dieu. *Ascensiones disposuit in corde suo.*

Cette vie-là, je le sais, un monde futile et aveugle l appelle tombeau, mort, et pourtant ce sera la vie, la vie enivrante, débordante de Martin dans sa chère solitude de Ligugé pendant de longues années. Solitude ! Ecole des grands cœurs, jardin fermé de l'époux, où le grain confié à la terre ne tombe et meurt que pour produire des fruits au centuple. *Granum frumenti cadens in terram, si mortuum fuerit multum fructum affert.* L'amour seul avait conduit Martin à Ligugé, l'amour seul, la charité pourra l'en faire sortir. *Ordinavit in me caritatem.*

I.

Un saint, mes frères, ne va jamais à aimer Dieu seul à force de n'aimer personne, mais à aimer tous les hommes de l'amour le plus fort, plus que lui-même, à force d'aimer Dieu plus que tout. Martin était prêt; des âmes inconnues attendaient la sienne et la sienne était prête pour la leur. Il voit un jour entrer dans sa chétive cellule un habitant de Tours, qui se jette à ses genoux, et le supplie de venir avec lui : « Ma femme est malade, lui dit-il; si vous venez chez moi elle sera guérie. » La puissance de ce cri sur un cœur qui naguère encore pleurait, gémissait près d'un cadavre qu'il rappelait à la vie, émeut Martin. Il se laisse conduire et à peine dans la campagne des hommes cachés se saisissent de lui et l'amènent à Tours.

Une chair exténuée, un corps amaigri, méprisé, traité en esclave ; pour tout vêtement un cilice, tel est Martin, car il n'est que cœur, tout cœur, et il n'a conservé du corps que de quoi le faire souffrir. *Omnis gloria ejus ab intus*. Jamais, mes frères, il n'a été donné aux superbes de voir jusqu'au cœur qu'ils ne connaissent même pas, et les superbes d'alors méprisent Martin, le critiquent, le repoussent. Mais le peuple, lui, voit toujours le cœur parce que toujours il le cherche, l'appelle lors même qu'on l'abuse, qu'on le trompe ; le pauvre peuple a vu le cœur de Martin, il l'a senti palpiter à travers tout ce luxe de mortification, de pauvreté ; dès la première vue, il comprend qu'il faut avoir un cœur bien au-dessus de la terre et de ses vains bruits, un cœur bien près de celui du Dieu des pauvres et pauvre lui-même pour savoir mourir ainsi à soi-même et vivre de sacrifices. Il l'a vu, il l'a senti et il a rendu témoignage. *Oculus videns testimonium perhibebat de me*. Dans sa joie, son admiration, il s'est écrié, de sa voix qui est celle de Dieu quand il n'est pas mené, mais laissé à sa délicatesse, à son discernement naturel, Martin évêque, Martin évêque ! Jour heureux et à jamais béni pour nous où le cœur de Martin se répondait : ici est ton sort, ton partage en Israël pour jamais. *Hæc sors tua, pars que mensurœtuœ* !

Qu'opèrera, mes frères, l'onction pontificale dans un cœur si bien préparé ? Voyez les œuvres et jugez de l'arbre par les fruits : En retour de la moitié du manteau, Martin a reçu quelque chose comme une émanation, un reflet du cœur même de son Dieu. Ce n'est pas assez dire et ne puis-je avancer que Dieu a façonné tout entier le cœur de Martin selon son propre cœur ; il agit en lui, il opère en lui, il habite en lui, il parle en lui. Si quelqu'un m'aime, a dit le Sauveur, mon père et moi viendrons à lui, nous ferons notre demeure en lui ; et St Thomas d'Aquin peut conclure : par la grâce sanctifiante la Trinité habite notre âme. Or la Trinité, ce Dieu semé dans l'âme, comme parle St Jean, apporte avec elle ces trois forces divines qu'on appelle Foi, Espérance, Charité. La Foi qui transporte les montagnes, c'est la force de Dieu même, elle fait l'apôtre qui crée en Dieu ; l'Espérance, c'est la lumière, elle opère la moralisation, la civilisation qui sauve en Jésus-Christ; la Charité enfin c'est l'amour, il donne un père qui élève, sanctifie en l'Esprit-Saint, et ne sont-ce pas là précisément les trois titres immortels qui rattachent pour toujours nos cœurs à Martin ?

Martin confesseur de la Ste-Trinité, devient en son nom ce réveilleur magnifique de trois morts, comme chante l'Eglise. Était-ce déjà les prémices et l'annonce de ce qui devait faire le fond même de toute son existence ? Qu'a-t-il été en effet notre Martin, sinon l'homme de la foi dont le bras armé de la force même de Dieu enfanta les prodiges et souleva cette terre de France de l'affreux tombeau du paganisme ? Son nom nous le dit : il est Apôtre, l'Apôtre des Gaules. Qu'a-t-il été notre Martin, sinon l'homme de l'espérance qui illumine ; phare éclatant, boussole du salut qui seuls peuvent conduire au port ce faible esquif qu'on appelle la vie et qui toujours ne sait que sombrer quand il n'a pas jeté l'ancre de ses espérances au ciel ? Martin est donc Civilisateur. Qu'a-t-il été notre Martin ? Homme fondé dans la Foi, vivant de la lumière de la Ste-Espérance, il est l'homme de la Charité encore, car la Foi et l'Espérance produisent la charité, ou plutôt tout converge, se réunit dans l'amour puisque la Charité, l'amour, c'est la vie, la vie du temps, la vie pour l'éternité. *Caritas nunquam excidit.* Et au contact de son grand cœur Martin a fondé la famille du temps, la famille de l'éternité ; il est Père.

Remarquez en passant, mes frères, comment ce triple cachet de l'auguste Trinité qui a marqué au front Martin d'une auréole de grandeur, de gloire, de bonté : Foi, Espérance, Amour, comment ce cachet par son rayonnement enfante et produit le caractère vraiment chrétien. La foi en effet, ne vivant que des choses invisibles, les seules vraies, comme parle l'apôtre, méprise ce qui se palpe, se sent, se touche, elle engendre aussitôt cette force, cette énergie, ce courage qu'on appelle jeûne, mortification, l'âme du christianisme et sève de vie qui fait les nations fortes, invincibles. L'espérance ne voyant plus rien des choses d'ici bas qu'aux clartés du ciel, fait naître abnégation, compassion, support mutuel, bases de toute paix, de toute société. La charité enfin, s'épanouit dans la prière, ne déployant jamais ses ailes que pour élever l'homme non plus seulement au niveau de ses intérêts propres, de ses aspirations particulières ; non plus seulement pour découvrir à ses yeux bornés ces horizons toujours resserrés et trop étroits, où il lui faut vivre en famille, en société, mais qui l'élève, le transporte jusqu'à Dieu son père et son modèle à la fois, pour lui donner un cœur fait à son image, un cœur grand, universel comme celui de Dieu lui-même.

Martin, avons-nous dit, est apôtre, et qu'est-ce que l'apôtre? Un envoyé, son point de départ, vous l'avez vu, c'est le cœur même de Dieu, foyer d'amour, principe de force : l'apostolat est donc une puissance. Mais je ne connais que deux puissances au monde, la vie et la mort. La vie, c'est l'amour, principe de toute activité, et la mort qui brave la vie. Mais, ô miracle ! ces deux puissances rivales en apparence et qui semblent se repousser mutuellement sont deux sœurs qui s'appellent, se répondent et qui une fois réunies forment un divin et tout-puissant mélange ; il a son nom dans l'Eglise, c'est la mortification. Mortification, science des sciences par laquelle ceux qui veulent mourir deviennent à jamais maîtres et docteurs de ceux qui veulent vivre. Écoutez le grand Paul, en deux mots il nous explique le mystère en nous révélant ce qui fait l'apôtre et sa force invincible pour recréer et soulever le monde: « Portons et ne cessons de porter dans notre corps la mortification de Jésus-Christ afin que la vie de Jésus se manifeste dans notre corps. » Quelles grandes choses, mes frères, dans ces deux mots ! Et ces choses c'est Martin qui va les rendre vivantes, palpables sous vos yeux. Oui, c'est parce que Martin a été l'homme de la mortification, mot stérile, honni, rejeté du monde, c'est parce que Martin l'a épousée, cette mortification, qu'il est devenu l'apôtre, le thaumaturge, l'homme de la foi qui ne vit de ses lumières qu'en méprisant tout pain grossier que peut offrir la terre ; l'apôtre semeur de vie, transmetteur de vie et de vie plus abondante. *Veni ut vitam habeant et abondantius habeant.* Voyez, comme son maître et son Dieu, Martin s'est oublié; il a aimé, il s'est donné jusqu'au dernier terme, jusqu'au don de soi-même. O Ligugé ! ô Marmoutier ! Écoles de mort d'où source la vie pour nous ! O Ligugé ! ô Marmoutier ! vous seuls pourriez nous dire les austérités de Martin, nous expliquer ce dur *quotidie morior*, je meurs tous les jours !

Quand un homme, uni au cœur de son Dieu par l'amour le plus fort, est parvenu ainsi à mourir à lui-même, à faire le néant de tout ce qui pouvait l'enchaîner, le captiver sur terre, *tanquam nihilum ante te,* Dieu qui veut toujours travailler sur le néant, le prend, l'accepte ce néant folie d'amour ; il le prend, l'élève jusqu'à lui, jusqu'à son cœur ; il le façonne, le transforme en beauté, en force, en puissance, en un autre lui-même, il le fait créateur. *Ecce dedi verba mea in ore tuo,* voici que j'ai mis ma parole sur tes lèvres. Et la parole de Dieu est et demeure essentiellement créatrice, pour elle dire et faire c'est tout un, *dixit et facta sunt.* Jésus, lui, donne cette force invincible qui surgit de son tombeau, de sa mort, *cum exaltatus fuero omnia traham ad meipsum.* J'attirerai tout à moi. L'Esprit-saint répand sur lui cette chaleur, cette vie à laquelle rien ne saurait se soustraire. *Nemo est qui se abscondat a calore ejus.* Ainsi paré, orné, transformé, recréé et armé, ce néant de tout-àl'heure devient tout cœur : le cœur de l'apôtre. Oh! qu'il est beau ce cœur de l'apôtre, cœur si virginal et si fort, capable d'aimer plus et mieux que jamais tout ce qu'il faut aimer sur terre et capable de l'aimer toujours moins que Dieu! Qu'il est grand le cœur de l'apôtre! comme saint Paul, lui aussi peut s'écrier en toute vérité que personne ne souffre ni scandale, ni faiblesse, ni persécution qu'il ne les souffre lui-même! Qu'il est fort le cœur de l'apôtre! comme son maître et son Dieu, il attire tout à lui! Qu'il est infatigable, prodigue, inépuisable, le cœur de l'apôtre! on dirait que son amour le multiplie, le conduit, le transporte avec plus de rapidité encore que nos chars de feu!

Mais que va-t-il donc créer ce cœur? quelque chose de plus merveilleux que de donner la vie aux morts, dit St Grégoire, quelque chose de plus grand que de créer le ciel et la terre : il crée, lui, ce qui étanche la soif de Dieu lui-même, ce qui calme la faim de Dieu lui-même, il crée le salut des âmes. Il porte aux âmes respect, amour, lumière, joie des choses pures, affections immortelles, honneur, courage pour ce monde, espérance, vie, richesses, joie, bientôt possession pour l'autre, voilà le fruit de l'apostolat, son fruit à lui et qui demeure éternel, parce qu'il est vie. Tel a été l'apostolat de Martin parmi nous. Et notre France, terre jusqu'alors maudite, ingrate, se couvre d'une végétation inconnue sous les regards vivifiants de son cœur. Aux déités voluptueuses, cruelles, succède le Dieu de l'évangile ; les temples, repaire honteux de tous les vices, croulent pour laisser trôner sur leurs ruines la croix victorieuse de Jésus-Christ. Dans le zèle qui le dévore, ce n'est plus assez pour Martin de la France entière : à travers les montagnes, les torrents, les sombres forêts, il parcourt la Hongrie, l'Italie, l'Allemagne, l'Espagne. Est-il un lieu où il ne laisse une trace de son passage? Eglises, fontaines, pierres mêmes, sont là aujourd'hui encore comme autant de monuments pour nous redire :

— 15 —

Oui, la terre a été nourrie du fruit de ses œuvres! *De fructu operum suorum satiabitur terra !* Mais parmi ces régions immenses, sillonnées en tous sens par le zèle de Martin, toi, ô chère Touraine ! toi seule déjà deviens le jardin de la France, non plus seulement par ces quelques fleurs éphémères qu'un jour voit naître et mourir, mais par toutes les vertus que Martin fait éclore; douces vertus, fleurs naissantes et bientôt vigoureuses, arrosées qu'elles seront du sang des cent seize martyrs de Marmoutier, tous disciples de Martin (1); douces vertus, fleurs du ciel dont les parfums s'en iront au loin porter le nom de Martin et attirer tous les cœurs! Toi, toi seule, ô chère Touraine ! demeures le cœur même de la France, répandant partout chaleur et vie, puisque de tous les points on vient chez toi chercher et se disputer un disciple de Martin pour avoir lumière qui éclaire, guide qui conduise, capitaine qui mène à la victoire: un prêtre, un évêque qui ouvre le ciel ! Aussi ton Eglise sera nommée la *Sainte-Église de Tours*, sancta Turonensis Ecclesia ; et Grégoire, son évêque, pourra s'écrier en toute vérité : « Martin, ce nouvel astre commençant à briller sur la terre de France et à jeter de toutes parts les semences de la parole divine, fit connaître au peuple le seul vrai Dieu et son divin fils, Jésus-Christ. »

Après quatorze siècles, le cœur de Martin, ce cœur d'apôtre, parle encore. *Defunctus adhuc loquitur*. Autrefois pour l'entendre (2) des Papes, pasteurs des nations, les Rois (3), ces bergers des peuples, vinrent s'agenouiller ici, et

---

(1) Ann. 853. Majus monasterium aggressi traduntur immisci Nortmanni, eoque funditus everso, CXVI monachos gladio ibidem percussisse. S^{tus} Odo in Annal. benedict. T. III. p. 31.

(2) Urbain II, Paschal II, Calixte II, Innocent II, Alexandre III, Martin IV, Clément V, Paul V.

(3) Les Rois de France se firent gloire d'être chanoines de l'insigne église de St-Martin de Tours, jusqu'à Louis XVI, le roi-martyr, 33e roi-abbé ; jusqu'à Louis XVIII et enfin Louis-Philippe, reçu chanoine à douze ans.

aujourd'hui pour l'entendre encore, les évêques, les prêtres accourent de tous les points du monde auprès de cette perle précieuse du sacerdoce, *Gemma sacerdotum;* ils viennent demander la grande science, la science de créer les âmes pour le ciel. Naguère n'avons-nous pas vu, à travers les larmes de notre admiration, le missionnaire intrépide chercher sur cette tombe, avec l'onction qui fait le pontife, quelque chose de la vaillance, de la force de Martin, et s'élancer d'ici même assez intrépide, assez dévoué pour quitter famille, patrie, franchir les Océans et aller s'ensevelir sous la hutte de glace du pauvre Lapon perdu dans la nuit, ou dans la case brûlante de l'Indien encore sauvage (1) ? Ah ! notre apôtre Martin a vraiment reçu la récompense promise à l'apôtre : *qui elucidant me vitam œternam habebunt ;* il a la vie, la vie éternelle dans les splendeurs de Dieu ; la vie, la vie immortelle sur la terre. Dans leur impérissable reconnaissance l'Église et les peuples lui ont donné un nom qui pour toujours attache au front de notre cité l'auréole de la gloire ; un nom grand comme le monde, un nom grand comme Dieu, car partout où Jésus est connu, partout Martin, Martin de Tours a honneur et gloire. *Et quo Christus habet nomen, Martinus honorem* (Fortunat).

II

C'est assurément, mes frères, le comble de la gloire ici-bas d'apprendre à l'homme le chemin du ciel, de créer pour lui ces voies qui doivent le conduire à la patrie et le rame-

(1) Mgr Faraud, vicaire apostolique du Mackenzie. — Mgr Guigues, vicaire apostolique d'Ottawa. — Mgr Tasché, évêque de St-Boniface.

ner à son Dieu ; c'est l'œuvre, la puissance, la gloire de l'apôtre. Dans un siècle sans foi, malgré des malheurs effroyables qui devraient nous faire toucher du doigt l'abîme où tombe une nation qui l'abandonne, ce titre d'apôtre étonne, abat peut-être, mais le plus souvent il reste et demeure incompris du grand nombre. Aujourd'hui, tout en avouant les bienfaits apportés par la foi, tout en concédant qu'elle a créé une période brillante dans l'humanité, on nous dit sur tous les tons que cette période s'est écoulée comme s'écoulent toutes choses sur la terre ; que ce qui convenait aux âges de la faiblesse de l'humanité ne peut plus convenir à son âge mûr. On nous dit que si la Religion et la Foi qu'elle enseigne ont été un progrès, elles doivent à leur tour se retirer aujourd'hui devant de nouveaux progrès, comme si tout dans la Foi n'était pas marqué du sceau de la grandeur, de la durée ; comme si tout dans la Religion n'était pas inaccessible aux changements comme le Dieu même dont elle n'est que la pensée manifestée au monde. Autant vaudrait avouer qu'il faudrait inventer un autre système de lumière, sous le prétexte que le soleil vieilli ne peut plus convenir aujourd'hui.

Des hommes tout courbés vers la terre lèvent un instant la tête et crient à la Religion : Montez, montez donc jusqu'à nous ; montez au niveau de notre époque ! Insensés ! ils se complaisent dans les bas-fonds et ils se croient sur les hauteurs ! L'Église leur tendra la main pour les relever ; elle ne descendra jamais. D'autres se récrient que la Religion est trop haute, trop élevée ; dans leur sot orgueil, ils ne veulent pas comprendre que la Religion n'est si haute, si sublime que parce qu'ils sont trop petits, trop bas, trop rampants. D'autres enfin, et ce sont ceux qu'on appelle les prudents, les timorés, des enfants même conservant pour leur mère l'Église respect, amour, conseillent timidement les concessions, les compromis, ils craignent pour elle et son avenir

— 18 —

en voyant la tempête mugissante et la barque de Pierre ébranlée, ballottée par les flots amoncelés, comme si la barque qui porte Jésus pouvait périr.

Ah! si notre foi affadie, cette foi avec laquelle Martin l'apôtre a vaincu, n'est plus capable de fixer des beautés, des splendeurs, qui l'éblouissent et l'écrasent ; s'il me faut donner à Martin d'autres titres s'élevant moins au-dessus de notre triste terre-à-terre aujourd'hui que l'égoïsme, le sensualisme tend à nous amoindrir, en terminant, laissez-moi vous dire que Martin a trouvé dans la foi de son cœur d'autres divins rayonnements, fils de son ardente charité. Il a terrassé et vaincu le vieux paganisme, ce néant de l'orgueil, en le saisissant, le vivifiant des splendeurs de sa foi, vous venez de le voir. Mais l'orgueil ne va jamais sans apporter les abaissements de la volupté qui est sensualisme, égoïsme, cruauté ; et le sensualisme et l'égoïsme à leur tour ne révoltent les sens que pour révolter le cœur en l'arrachant à la beauté, la bonté infinie, Dieu pour lequel il est fait. Martin, l'homme de la foi qui crée, est encore l'homme de l'espérance qui civilise et de la charité qui élève. *Ordinavit in me caritatem.*

Si vous me demandiez, mes frères, ce que peut être une société fondée sur le sensualisme et l'égoïsme, je vous dirais : Ouvrez les annales de vos pères. Avant Martin, il y eut des sages, des philosophes, des penseurs qui écrivirent de belles pages sur la morale, débitèrent de belles maximes sur le pouvoir, le devoir, ces deux bases immortelles de toute société ; il y eut même des meneurs comme ceux qui nous inondent aujourd'hui, prôneurs de liberté, de bien-être, d'affranchissement. Qu'ont-ils fondé? Les sages et leurs plans sont passés, et avec toutes leurs lumières il faisait nuit toujours. Il fallait acheter son pain en vendant sa liberté, et du moment où ce pain si amer ne pouvait plus suffire, on supprimait les inutilités. Le vieux père, la vieille mère étaient de trop, on les faisait disparaître; l'enfant dès sa première heure était-il regardé comme une charge? on s'en débarassait. Le code, c'était la force brutale, la violence méprisant toutes les faiblesses; faiblesse de l'enfance opprimée par l'exposition publique; faiblesse du sexe insultée, outragée par le divorce et la polygamie; faiblesse de la condition jetée en pâture aux bêtes féroces dans ces jeux horribles où la multitude enivrée de joie et de sang courait contempler d'un regard avide ceux qui vont mourir pour dérider je ne sais quel César. *Morituri te salutant !* La loi, la loi du plus fort, allumant sans cesse ces guerres à mort de peuples à peuples, ces duels sans fin des nations. Jouir, être heureux, dominer puis mourir repus ou maudissant et esclave en s'écriant : *Vixi* ! j'ai vécu ! Voilà ce que la sagesse humaine avait su créer comme base et fondement de société : d'un côté c'était caprice, despotisme, ambition, cruauté; de l'autre, terreur, esclavage, infamie.

Si ces terribles leçons que donne l'histoire vous semblent trop éloignées de vous pour fixer vos regards, obtenir compassion et pitié, hélas! ne pourrais-je vous dire en toute vérité aujourd'hui : Regardez, regardez donc autour de vous! O terreur! Ce sont les mêmes ennemis qui nous menacent : c'est l'orgueil avec son sensualisme, son vieil égoïsme, et aussitôt ne sentez-vous pas que les mêmes maux doivent fatalement appeler les mêmes malheurs avec un raffinement, un surcroît de malice encore, parce que nous, enfants de lumière, nous ne pouvons plus tomber de si haut sans nous briser davantage. Voyez, l'orgueil payen fait la guerre au Dieu du ciel, mais avec une cynique audace que le paganisme ne connut jamais. N'avez-vous pas entendu la voix du blasphème lui dire : Nous ne voulons plus que vous régniez sur nous! Demeurez perdu, indifférent dans les hauteurs des cieux, mais à nous, à nous la terre! Jouissons, buvons, mangeons! Et la nuit est venue, nuit affreuse où l'on ne discerne plus le juste de l'injuste, le vrai du faux, nuit épaisse où se plaisent à habiter, où viennent comploter et maudire ces enfants terribles, ennemis de toute lumière qu'on appelle orgueil, sensualisme, égoïsme, tempête, révolution, haine. Et la terre tremble sous nos pas et les abîmes sont à nu sous nos yeux, et les armées innombrables ne suffisent plus pour contenir dans le respect, la soumission, l'obéissance toute cette tourbe hurlante, frémissante, affamée qui demande bien-être, plaisirs. *Panem et circenses* ! Et toutes les lois réprimantes s'avouent impuissantes, vaincues devant le débordement de tous les vices. Que nous manque-t-il ? Nous parlons progrès, lumière, science ! Il nous manque ce que rien ne remplace, il nous manque ce que nous avons honteusement répudié, ce que ce pauvre paganisme ne connut jamais, lui, aussi sa nuit était un malheur, mais ne fut jamais un crime.

Non, non, l'homme n'est point ainsi fait qu'il puisse toujours habiter la nuit : il est né pour la lumière, la vérité ; c'est son élément, son respir, sa vie, et c'est cette lumière que Martin faisait lever sur nous en nous enseignant les splendeurs de la sainte Espérance. L'Espérance ! Elle dit à l'homme voyageur sur la terre : Malgré toutes les recherches fébriles de bonheur, pour toi, la vie c'est l'exil ; c'est le passage semé d'écueils, de longs ennuis, de fatigues, de douleurs, car tous les jours l'homme s'en va vers la demeure de son éternité. Avec cette pensée-là nous naissons presque aussi désillusionnés que mourait le païen. A la place de ces mots creux, vides de sens, barbares, cruels : esclavage, destin, fatalité, elle révèle que tout sacrifice, toute souffrance, toute larme peuvent devenir une vertu qui vaut le ciel et ses joies. Elle enseigne que toute puissance, toute autorité vient de Dieu et est toujours un fardeau ; que toute obéissance, tout dévouement engendre la gloire qui ne finit plus : elle règle ainsi l'autorité, et ennoblit la dépendance. Ce n'est point assez encore et ne puis-je dire que l'espérance chrétienne est vraiment ce lis chanté par la sagesse et qui ne croît bien qu'au milieu des épines ! Essentiellement amie de notre exil qu'elle embellit et embaume, tous les bonheurs et les joies de la terre la tuent : elle n'est jamais plus vigoureuse que lorsque le cœur saigne. Avec elle alors cette sève intarissable de vie qui s'épanouit en désintéressement, en affections vraies, en aumônes versées dans le sein de l'indigence ! Alors ce support mutuel, fraternel qui faisait pousser aux païens eux-mêmes ce cri d'admiration à la vue des chrétiens d'autrefois : Voyez comme ils s'aiment, on dirait qu'ils n'ont qu'un cœur et qu'une âme ! Alors cette patience endormant toute douleur ; alors cette charité invincible, vivant de sacrifices, se dévouant, se donnant et couvrant la terre entière des inventions de son amour pour faire de tous les hommes un peuple de frères ; de tous ceux qui portent le nom chrétien, la nation forte, généreuse, toujours triomphante parce que seule elle sait toujours vivre, souffrir et mourir pour trouver la gloire ; la nation, le peuple vraiment royal acquis à la foi, portant au front et dans son cœur ce caractère du Sauveur lui-même, devant lequel s'évanouissent tous froids calculs de l'égoïsme, toutes avilissantes recherches du sensualisme, toute haine, toute discorde, toute ambition : la souffrance, l'amour de la souffrance. *Oportebat Christum pati !* La souffrance embrassée, supportée, on l'a vue même recherchée avec délices, pour trouver enfin le ciel. Oui, Martin, l'homme de la Ste Espérance, a été civilisateur en nous révélant ses beautés, en nous les montrant si vivantes, si agissantes en lui. Et la France le comprenait ainsi : aux heures de ses angoisses, de ses luttes, lorsque l'ennemi, envahissant son sol, voulait troubler sa paix et ternir sa gloire, lorsque le barbare arrivait menaçant pour fouler à ses pieds la civilisation chrétienne, l'œuvre de Martin, la France accourait ici, à ce tombeau devenu le palladium, le gardien de toutes ses gloires et de toute sa puissance ; ici elle prenait la chape de Martin son père pour drapeau et sa châsse comme l'arche-sainte qui toujours la sauvaient en la conduisant à la victoire.

Martin, par sa foi, a été la puissance qui étonne, abat et crée ; par son espérance, la lumière qui éclaire, conduit et sauve ; il fallait encore pour terminer son œuvre quelque chose de plus persuasif qui redît à jamais d'où venait et sa puissance et sa lumière.

Au milieu même de ces trophées évangéliques, tout inondé des sueurs de son zèle et respirant à peine de ses périls, de ses veilles, de ses combats, de ses victoires : Je ne suis rien, s'écrie l'apôtre, je ne suis rien si je n'ai pas la charité. Vous le savez, vous, mes frères, vous savez si Martin a été l'homme de la charité encore. Il a pu étendre la force de sa foi, les lumières de son espérance sur la France entière ; mais ne dirait-on pas que pour nous seulement il réservait son cœur? Pour élever un enfant, il faut le cœur, du cœur surtout, et nous sommes ses enfants.

La charité, c'est, mes frères, le don gratuit de tout soi-même, et Dieu a voulu qu'aucun bien ne se fît à l'homme qu'en l'aimant ; car, dit St Augustin, il faut avant tout que ce soit une œuvre d'amour de paître le troupeau du Seigneur. Mais, depuis qu'un Dieu lui-même s'est fait homme par amour des âmes, l'amour des âmes est devenu une passion qui surpasse toutes les autres : celui qui la possède n'est plus un ami seulement, c'est un père encore, c'est surtout un prêtre. Vous venez de voir Martin se donnant chaque jour de sa vie, donnant son corps, son temps, son repos, son esprit, son amour, ne se réservant rien que de souffrir. Mais il y a dans la charité, outre ce don de tout soi-même, une manière de donner qu'on ne garde que pour l'enfant, il y a un laisser-aller, une transparence qui laisse voir tout le cœur et permet de l'aimer. Le cœur se laisse voir par la parole qui en jaillit, par les larmes qui ne sont que son sang le plus pur, par ces explosions de tendresse enfin qui, ailleurs qu'au sanctuaire de la famille, seraient taxées de folie. Seul, un père peut ainsi mettre à nu son cœur devant ses enfants. Osez lui demander pourquoi ? Si, pour se faire comprendre, il ne répond pas toujours ce mot d'un de nos plus grands rois : Etes-vous père vous-même ? Toujours il dira : Ce sont mes enfants, je les aime et je les élève. Je les élève ! parole magnifique, pleine de sens ; je les élève pour en faire des hommes !

Martin c'est notre père et nous sommes ses enfants : à nous donc le langage de son cœur, sa prière ; à nous ses larmes, à nous ces élans d'amour qui vont jusqu'au sublime ; et si vous lui demandiez pourquoi, Jésus a mis sur ses lèvres un mot immense, il répondra : Ce sont mes enfants, je les sanctifie, c'est-à-dire je les élève plus haut que l'homme, plus haut que le ciel. je les élève pour en faire des saints, je les élève jusqu'à Dieu. *Ego me sanctifico ut sint et ipsi sanctificati* !

Sa prière ! Grottes de Marmoutier, tombeau de Gatien tout embaumés des soupirs de Martin, vous seuls pourriez nous raconter le langage de son grand cœur ! Que de jours, combien de nuits passés dans ces mystérieux colloques, dans ces doux entretiens, où, oublieux de son repos, de sa nourriture, Martin notre père parlait à Dieu de ses enfants ! C'est de Martin qu'on a pu dire qu'il priait et priait sans cesse. Il priait ! lorsque cheminant à la recherche de ses enfants avec ses disciples, il les devançait toujours de quelques pas pour être seul avec Dieu seul. Il priait ! lorsqu'un homme cruel, venu à Tours pour se venger, allait répandre le deuil et la mort dans la cité, Martin l'évêque, le père suppliant, passait une longue nuit, le front dans la poussière, à la porte du vindicatif pour sauver la vie de ses enfants. Il priait, couvert d'un rude cilice et de cendre lorsqu'il savait ses enfants tourmentés par le démon. Avec sa prière, il nous donnait ses larmes encore ! Quand des disciples ingrats insultaient sa patience, il répondait pour toute vengeance : Jésus a supporté Judas ! Brice, un abandonné recueilli, nourri par sa charité, le méprise, le comble d'injures : Martin pleure et prie ! O bienheureuses larmes ! elles enfantent à Martin un successeur digne de lui, pour nous un père, pour le ciel un saint ! Il pleure et prie quand sur son lit de mort il lui faut nous dire un dernier adieu. Le cœur de Martin, ce cœur si aimant, a connu toutes les sublimes faiblesses de l'amour d'un père, tout jusqu'à ces excès qu'on serait tenté de regarder comme des folies.

Il veut voir ses enfants, les visiter; qu'on le frappe, qu'on le maltraite jusqu'à le laisser pour mort sur la route, peu lui importe, rien au monde n'arrêtera ses courses, n'enchaînera son cœur; il veut voir, consoler, bénir ses enfants ! Un jour d'hiver, aux portes de son église, un pauvre transi de froid le supplie de couvrir sa nudité. Martin, sur le point de célébrer les saints mystères, s'arrête et donne des ordres qui ne sont point aussitôt exécutés. Martin le sait, sans délai il dépouille sa propre tunique qu'il donne au mendiant, revêt le vêtement grossier et de rebut qu'une charité maussade et de commande apportait un instant après à l'indigent et l'évêque Martin montait au saint autel devant son peuple dans cet accoutrement dérisoire. Ah ! ce jour-là, le ciel s'entr'ouvrait et un globe de feu entourait la tête du pontife pour redire quelque chose de ce beau feu du cœur qui dévorait Martin, le feu de la charité.

La lampe du sanctuaire avant de mourir jette une dernière clarté : à l'heure suprême, mes frères, à ce moment l'homme prêt à paraître devant son Dieu se montre toujours ce qu'il est. Dans trois mots, derniers soupirs échappés à son cœur, je retrouve les trois grandes passions de Martin, ce qui fut toute sa vie ici-bas : Foi, Espérance, Charité. Folie d'amour, ce cri de sa foi ! Lorsque voulant donner une leçon à ses enfants, ces rudes chrétiens devant lesquels pâlissent nos tristes courages, il refuse une poignée de paille pour reposer ses membres glacés, ne voulant pour lit de mort que la cendre et le cilice : « un chrétien, dit-il, ne peut mourir autrement ! »

Folie d'amour, ce dernier cri de son espérance ! Lorsque fatigué de la même position, ses disciples veulent procurer à son corps un délassement : « Laissez-moi regarder le ciel plutôt que la terre, afin que je commence à mettre mon âme dans le chemin qui doit la conduire à Dieu ! »

Folie d'amour enfin que ce dernier éclat de sa charité ! Lorsque ce vieillard brisé de travaux plus que d'années encore, prêt à saisir la couronne du repos et de la gloire éternels, nous laissait comme dernier battement de son cœur et testament de sa tendresse ces paroles sublimes : « Seigneur, si je suis utile encore à votre peuple, je ne refuse pas le travail ! » Oh ! oui, Martin nous a aimés, nous a élevés, nous a sanctifiés ! « Et après quatorze cents ans, c'est lui, disait un grand évêque (1), c'est lui, c'est son passage parmi nous, c'est son amour qui ont fait de la charité qui couvre la multitude des péchés, de la charité renfermant toute la loi, de la charité qui donne et ne se lasse jamais, le caractère propre et distinctif de notre chère ville de Tours, *la ville des bonnes œuvres !* » Et en retour, nous avons aimé Martin ! Ici un temple insigne, splendide monument de la reconnaissance de nos pères ; ici un tombeau enrichi des magnifiques offrandes de tous les siècles, rendez-vous des pèlerins des quatre coins du monde ; ici la pompe des cérémonies, l'harmonie des chants, la majesté d'un nombreux et illustre

---

(1) Son Eminence Mgr le cardinal Guibert, archevêque de Paris.

— 26 —

clergé, portaient au loin notre reconnaissance, notre amour et faisaient de la cité de Martin la *Rome des Gaules*. Ah! pourquoi faut-il aujourd'hui que je m'écrie : Nous l'avons aimé! Quoi! ne l'aimerions-nous donc plus?

L'amour, mes frères, cet amour si naturel et si doux à vos cœurs, qu'on appelle reconnaissance, pèse d'un poids intolérable pour certaines natures dégradées. Oui, ô honteux mystère du cœur humain! il y eut, il y a encore au milieu de nous des cœurs pour lesquels le souvenir des bienfaits reçus, des preuves d'amour prodiguées deviennent un remords dont on se débarrasse par l'ingratitude, l'oubli, et qu'on paie un jour par la haine. Il fallait à Martin cette ressemblance encore avec son maître et son Dieu, Jésus. *Christus dilexit nos!* Jésus-Christ nous a aimés! Ce cri là, mes frères, il est écrit dans chaque mot de l'Évangile, écrit dans les miracles d'abaissement et de puissance, écrit de toutes les sueurs, de tout le sang, de toute la vie, de toute la mort d'un Dieu; il est et demeure à jamais écrit en lettres de feu sur la porte de cet étroit tabernacle. Jésus-Christ nous a aimés! *Christus dilexit nos!* Jésus-Christ est-il aimé?.....

Après tant et de si nombreux travaux, tant et de si nombreux bienfaits, après tant d'amour, Martin est-il aimé? Regardez : c'est la haine qui dispersait les pierres du sanctuaire, la haine qui vendait à l'encan tout ce qui pouvait rappeler le nom de Martin, la haine qui se hâtait de percer une rue là-même où les saints, les papes, les rois, les reines, toutes les puissances, toutes les illustrations de la terre et du ciel venaient s'agenouiller ; la haine qui aujourd'hui encore et sous nos yeux dispute à Martin ce qu'on accorde toujours au plus humble des mortels : un tombeau entouré sinon de souvenir, d'amour et de gloire, du moins de respect, de silence. Mon Dieu! mon Dieu! serait-il donc vrai que les grands bienfaiteurs font les grands ingrats!!

Un enfant, élevé sur les genoux d'un de ces vétérans du

sanctuaire de Martin, échappé à la hache révolutionnaire, avait grandi, l'esprit et le cœur tout remplis des souvenirs, des magnificences du passé, car le bon vieillard aimait à déverser le trop-plein de son cœur dans celui du petit enfant. Souvent il avait donné des larmes, des regrets à ces souvenirs si chers et si accablants à la fois ; comment aurait-il pu les oublier ? A chaque instant il pouvait contempler ces deux tours qui dominent la cité et pèsent sur elle comme deux remords, parce qu'elles protestent contre une ingratitude, et chaque fois il lui semblait entendre les pierres elles-mêmes prendre une voix lamentable pour lui crier : *Dilexit !* Martin, Martin nous a aimés! Et l'enfant n'avait pour répondre que des désirs, des souhaits, mais désirs ardents, mais souhaits brûlants, qui un jour enfin mettaient sur son chemin l'homme généreux et dévoué, l'homme de foi, auquel nous devons l'initiative de l'œuvre provisoire et son couronnement dans le splendide ciborium qui recouvre la tombe de Martin (1). Aujourd'hui l'enfant a vieilli. *Etenim Senui*, et au pied de ces ruines, comme il retrouve chaleur, jeunesse et vie! Comme tout vibre en lui puisqu'en vous contemplant, mes frères, il contemple foi, espérance, amour! Comme tout tressaille en lui puisqu'il lui est donné enfin de prier, de chanter la louange de Martin dans l'assemblée des justes, vous, mes frères, qui savez aimer encore et ne voulez jamais être ingrats! *In concilio justorum !* Puisqu'il lui est donné de chanter, d'unir sa faible voix au concert sans fin de ces saints, couverts des livrées de Marie, comme Martin apôtres, missionnaires, amis du soldat et gardes d'honneur de son tombeau *in concilio sanctorum !*

Et pourtant ce n'est encore que l'avant-goût de ce jour que nous appelons de tous nos vœux, jour de la réparation qui ne peut plus tarder, jour où tous, pontife, pasteurs, trou-

---

(1) Monsieur le comte Pèdre Moisan.

peau, réunis dans une même foi, une même espérance, un même amour, nous chanterons dans le temple auguste bâti de nos mains à la gloire de Martin, l'hymne de la résurrection qui sera en même temps le chant du triomphe: « Non, non, il n'y a point de société, de nation forte et puissante sans Dieu; c'est Martin, lui sur le cœur duquel naissait la France fille aînée de l'Église, c'est Martin le gardien, l'apôtre, qui nous le dit. *Custos quid de nocte ?*

Non, non, ce n'est point assez pour ranimer une société expirante de lui parler progrès, sciences, industrie, utopie; ce n'est point assez de l'endormir d'hypothèses absurdes et de fables ridicules; le réveil est par trop terrible quand il se fait dans un cercueil, c'est Martin le gardien, le civilisateur qui le dit. *Custos quid de nocte ?*

Non, non, ce n'est point assez pour maintenir une société sur ses bases, d'avoir des armées et des lois; toute maison divisée tombe, toute société, tout royaume désunis croulent: l faut des liens plus forts et plus doux, les liens de la charité, de l'amour ; c'est Martin le gardien, notre père qui le dit. *Custos quid de nocte ?*

Aujourd'hui revenus enfin de nos longs égarements, instruits par nos propres malheurs, ô Martin! ô apôtre! ô civilisateur! ô père! nous chantons comme chantaient nos aïeux: Vous seul, ô Martin, ô gardien, vous seul aviez la vérité, vous seul vous nous l'avez fait entendre et la vérité enfin a illuminé notre nuit; nous la voyons, nous la goûtons, nous l'embrassons avec amour! Oui, les fondements des sociétés humaines sont chose sacrée et c'est trop peu pour leur solide grandeur d'y jeter de l'or, de la puissance, des progrès, de la gloire et du génie. Il y en a un, un seul que votre foi, votre espérance, votre amour, ô Martin, nous ont appris à connaître et que nous adorons avec vous, un seul qui est la pierre angulaire. Lui, lui seul ! Toutes nos grandeurs passées ont connu son nom divin, l'ont chanté, l'ont aimé. Lui, lui seul! Tous nos périls, tous nos malheurs présents l'appellent, le réclament plus que jamais. Lui, lui seul! c'est Jésus et son cœur, Jésus et son Église, Jésus et Martin son apôtre, sa fidèle copie, Martin notre ami, notre père.

Ordinavit in me caritatem.

Amen.

TOURS. — IMPRIMERIE E. MAZEREAU.

www.ingramcontent.com/pod-product-compliance
Lightning Source LLC
Chambersburg PA
CBHW060902050426
42453CB00010B/1541